(Par Félix Bodin, d'après
de Manne.)

ÉCONOMIE ET RÉFORMES

DÈS CETTE ANNÉE ;

OU

LE CRI GÉNÉRAL

SUR LES DÉPENSES PUBLIQUES.

ÉCONOMIE ET RÉFORMES

DÈS CETTE ANNÉE;

OU

LE CRI GÉNÉRAL

SUR LES DÉPENSES PUBLIQUES:

PAR UN CONTRIBUABLE, SANS APPOINTEMENS.

Vox clamantis inter clamantes.

PARIS,

Chez
{ DELAUNAY, Libraire, au Palais-Royal.
{ BÉCHET, Libraire, quai des Augustins, n° 57.
{ ALEXANDRE JOHANNEAU, rue du Coq, n° 8.

1819.

AVANT-PROPOS.

——

Il a déjà paru plusieurs écrits sur le budget de 1819. On l'attaque avec des chiffres ; c'est un moyen qui peut avoir des avantages, et obtenir du succès. Je le laisse à de plus habiles que moi. Je me hâte de prendre la plume pour combattre le budget avec des raisons. Si elles ne réussissent pas mieux que les chiffres, du moins elles auront porté des coups plus certains. Ceux-là n'entament que la superficie ; celles-ci pénètrent plus avant, et peuvent ébranler l'édifice jusque dans ses fondemens. Avec les uns, vous rognez les abus, ce qui ne les empêche pas de repousser avec plus de vigueur ; avec les autres, vous tendez à les extirper par la racine.

Dans une brochure où le budget est sévèrement examiné, on nous démontre que les finances sont plus florissantes que nous ne pensons ; on découvre au Trésor des ressources qui nous étaient inconnues ; c'est déjà beaucoup : enfin on semble prouver que sans changer rien à l'état des dépenses, on peut alléger la contribution foncière d'une cinquantaine de millions. Tant mieux. Maintenant, que dirons-nous ? Nous dirons que si, avec cela, l'on diminuait les dépenses de 5o millions, ce qui est très-facile, les contributions non foncières pourraient être allégées également de 5o millions : voilà, ce me semble, la conséquence qu'il faut tirer, sans quoi une si belle découverte ne peut avoir aucun des résultats avantageux qu'elle promet. Vous êtes malade, et un médecin vous dit, pour vous rassurer, qu'il peut calmer vos douleurs. Mais ce n'est pas là ce que vous lui demandez : vous voulez qu'il guérisse votre maladie, si elle n'est pas incurable, et si les calmans ne l'empêchent pas d'empirer. Or, quelle est réellement notre maladie ? Ce n'est pas de payer d'énormes impôts ; ce n'est là que la douleur. Le mal est dans la grandeur de nos dépenses. C'est ici qu'il faut porter remède : sans cela, on aurait beau appliquer l'excellent calmant d'une diminution dans la contribution foncière, on n'empêcherait pas le mal de faire des progrès.

Je n'attaquerai pas plus le budget de 1819 que tous les budgets qui l'ont précédé. Il n'est que leur conséquence forcée. Je ne le considère que comme l'un des termes d'une progression toujours croissante. Le plus blâmable de tous fut celui qui outrepassa son prédécesseur. *Indè mali labes.* Si l'on répondait à cela par des chiffres, je répliquerais qu'il est plus aisé de trouver des chiffres que des raisons.

SOMMAIRE.

Avant-propos. Pag. 5

De la Mesure des Impôts. 9

De la Liberté et des Impôts 10

De la Splendeur et de la Prospérité 15

Généalogie du Budget de 1819. 18

Coup-d'œil sur le Budget de 1819 23

Des Pauvres et des travaux publics. . . . 30

Du Système des salaires. 36

Des Réformes. 47

Des véritables intérêts du Ministère 50

ÉCONOMIE et RÉFORMES

DÈS CETTE ANNÉE ;

ou

CRI GÉNÉRAL

SUR LES DÉPENSES PUBLIQUES.

DE LA MESURE DES IMPOTS.

Quid valeant humeri, quid ferre recusent.

ÉCONOMIE et RÉFORMES : voilà deux mots que j'entends répéter depuis bien long-temps ; d'un côté, mais rarement, par ceux qui promettent, de l'autre, et bien plus souvent, par ceux qui attendent. Cependant nous voyons qu'il n'en arrive rien, et que les promesses sont aussi légères que les demandes sont pressantes. D'où vient cela ? C'est ce que je tâcherai de montrer. Il y a une foule d'obstacles à l'accomplissement de tout bon système d'économie ; ils sont plus ou moins compliqués, et plus ou moins perceptibles. Je n'entreprendrai point de les démêler et de les mettre au jour ; il vaut mieux signaler les plus apparens. Beaucoup de considérations souvent opposées, beaucoup de motifs cachés fortifient les résistances individuelles. Tout cela se confond dans les résistances collectives, puisque la tendance devient la même.

Quelque mobilité qu'on veuille supposer au caractère français, on ne peut s'empêcher de reconnaître toute la puissance qu'exerce sur lui l'habitude. Ce peuple, qu'on prétend si changeant, tient cependant autant que tout autre à ses préjugés, et paraît toujours disposé à ne point examiner ce qu'il est accoutumé à croire, en admettant que ce qui a été doit continuer d'être, par la raison que cela est et que cela était ainsi. Voilà comme les abus s'enracinent et se naturalisent chez les peuples; et quand on les attaque, une nombreuse et puissante clientelle se groupant autour d'eux, défend leurs droits de cité avec autant de zèle et de chaleur que si c'étaient des intérêts de famille.

L'un des abus les plus intolérables qui pèsent sur nous, c'est sans contredit l'énormité des impôts, et la profusion dans les dépenses publiques. Cependant beaucoup de gens paraissent résignés à supporter patiemment ce fardeau, soit qu'ils n'en aient à soutenir qu'une très-faible portion, soit que, amplement indemnisés de légers sacrifices, ils reçoivent des deux mains après avoir contribué d'une seule. Ils vous

disent : « C'est la richesse de l'État qui fait celle
des particuliers ; de l'abondance dans les caisses
du Trésor naît la prospérité de toutes les fortunes. Ce sont les impôts qui rendent un État
florissant, solide et redoutable. Ils entretiennent
l'industrie des contribuables, en les stimulant
et en les empêchant de s'endormir sur le dé-
croissement de leurs revenus ». Ils vous disent
encore : « L'impôt est le moyen d'impulsion le
plus puissant à faire agir sur la circulation du
numéraire (1). Il est le principe vital qui com-
munique le mouvement à toutes les parties
d'un empire ». Ils vous citeront le sang qui se
porte au cœur pour se répandre de nouveau
dans les canaux les plus déliés de l'économie
animale. Ils tireront même, s'il le faut, une comparaison du cours des ruisseaux et des fleuves
vers l'Océan, qui répare les sources avec des
brouillards.

Il y a du bon et du vrai dans tout cela.
Mais on en abuse comme de toute autre chose
où il y a du bon et du vrai. De ce que l'impôt
est utile et même nécessaire dans l'état actuel
de la société, il ne s'ensuit pas qu'on puisse
sans inconvénient l'élever à tel point, qu'il

____

(1) « Le Trésor est toujours pressé de rendre ce qu'il
reçoit », a dit M. le Ministre des Finances.

devienne insupportable ; de ce que l'Etat remplit bien ses caisses, il ne s'ensuit pas toujours
que les contribuables améliorent leurs fortunes.
Quand ceux-ci sont *stimulés*, ils rendent leurs
fonds plus productifs ; d'accord : mais leurs revenus n'augmentent pas indéfiniment en raison
des stimulans qu'on peut employer ; et quand
les revenus sont arrivés à leur plus haut point
d'accroissement, si l'impôt devient toujours plus
fort, les propriétaires découragés n'ont plus les
moyens d'entretenir le fonds qui commence alors
à se dégrader. Ainsi, qu'on stimule, passe ; mais
qu'on écrase, c'est trop.

Nous sommes bien d'avis que le numéraire
doit circuler, et nous convenons que l'Etat
peut contribuer puissamment à lui imprimer le
mouvement nécessaire. Cependant nous croyons
qu'on porte un peu loin cette tendre sollicitude
pour la circulation du numéraire. Nous dispen-
serions volontiers des soins qu'on prend de le
faire passer de nos mains dans d'autres mains,
afin d'avoir la douce satisfaction de nous le ren-
voyer, à la vérité très-indirectement, par l'in-
termédiaire de ceux à qui on le confie uniquement pour cet usage. Nous regardons peut-être
comme un peu intéressé le zèle avec lequel on
recherche, on poursuit les capitaux *inertes*, dans
l'intention toute philantropique de leur donner
plus d'activité. Nous savons très-bien que le sang

se dirige vers le cœur ; mais nous savons aussi que lorsqu'il s'y porte en trop grande abondance, le corps s'affaiblit et la santé est altérée. Nous ne contestons pas que les ruisseaux n'apportent leur tribut à l'Océan ; mais ce tribut total est toujours le même, et les sources qui le fournissent sont régulièrement renouvelées : tandis que celles qui grossissent le trésor sont susceptibles de se tarir à la fin, et leurs pertes sont loin d'être suffisamment réparées par ce qu'on veut bien nommer les brouillards.

Montesquieu a dit : Il ne faut point prendre au peuple sur ses besoins réels, pour des besoins de l'Etat imaginaires.

~~~~~~

DE LA LIBERTÉ ET DES IMPOTS.

*Nos scimus quia lex bona est, modò qui
eâ utatur legitimè.*

Nous savons que la loi est bonne, seulement que l'application soit légitime.

Un vieux proverbe, inventé sans doute et ac-
crédité par les financiers, nous dit que *plus
l'âne est chargé mieux il marche.* J'aime mieux
le principe, justifié du moins quelquefois par
l'expérience, que Montesquieu pose ainsi : « On
» peut lever des tributs plus forts à proportion
» de la liberté des sujets, et l'on est forcé de
» les modérer à mesure que la servitude aug-
» mente. » Ainsi la pesanteur des impôts est en
raison inverse de l'oppression du Gouvernement.
D'où il suit que dans la monarchie modérée il
est assez ordinaire qu'on augmente les contributions (1). Montesquieu regarde même cette

____

(1) On a dit que le gouvernement représentatif est une
excellente machine à pressurer les peuples. Nous pourrions
être tentés de croire que cette expression est aussi juste
qu'elle est ingénieuse. Mais elle ne doit s'appliquer qu'à ce
que M. Lanjuinais appelle très-heureusement le *faux Gouvernement représentatif constitutionnel,* où la loi est habi-
tuellement éludée ou violée. Ce publiciste remarque que
~~~~~~

augmentation *comme la récompense du Prince,
à cause du respect qu'il a pour les lois.* Cependant il ne tarde pas à reconnaître que l'on tend
toujours à abuser des avantages que procure la
liberté; que parce qu'on a tiré de grands tributs
on en veut tirer d'excessifs; et que méconnaissant la main de la liberté qui faisait ce présent,
on s'adresse bientôt à la servitude, *qui refuse
tout* (1).

Le montant des contributions aux États-Unis,
où la liberté est plus grande qu'en aucun pays
du monde, et où la richesse est très-grande
aussi, ne confirme pas cette théorie. Les États
démocratiques de la Suisse la contrediraient s'ils
étaient moins riches en population et moins

---

par cela même qu'il est le plus réellement puissant et d'ordinaire le plus coûteux de tous, il est plus ruineux et plus
oppressif que la plupart des gouvernemens sans représentation nationale.

(1) Il me semble qu'il serait plus exact de regarder ici la
liberté comme cause occasionnelle, et non comme cause
directe-immédiate. Ainsi, au lieu de dire que la liberté
accorde volontiers les impôts, on dirait qu'elle enrichit ordinairement les peuples, et que les peuples libres sont les
plus imposés, parce qu'ils sont les plus riches. Que si le
despotisme rencontre un peuple riche, il ne négligera pas
de l'accabler d'impôts. Quant aux peuples pauvres, ils ont
en leur faveur l'axiome : *Où il n'y a rien, le fisc perd ses
droits.*

pauvres en espèces. Elle était appuyée par l'exemple de l'Angleterre et de la Hollande. Pour nous, nous avons presque toujours fourni des argumens contraires depuis Louis XIV jusqu'à nos jours. A la vérité, pendant l'anarchie despotique de 1793, les impôts étaient presque nuls, on y suppléait avec du papier; mais ce papier est devenu lui-même un terrible impôt. Sous le Directoire, si nous jouissions de peu de tranquillité, on ne contestera pas qu'il y eût au moins beaucoup de liberté, sauf les circonstances orageuses où elle fut violée; eh bien! les impôts étaient alors très-faibles, et le Gouvernement devait supporter, outre les guerres avec l'Europe, le poids de la banqueroute que lui avait léguée la Convention, et dont il était innocent. Maintenant arrivons à Bonaparte, et nous verrons que les impôts ont toujours augmenté avec son despotisme. Mais si nous observons ce qui s'est passé depuis la restauration, nous serons forcés de reconnaître qu'ils sont allés toujours croissans à mesure que la liberté s'est établie. C'est ici que le principe de Montesquieu reçoit pleinement son application. Cependant quels que soient les progrès qu'a faits la liberté depuis quatre ans, qu'il nous soit permis de penser que les contributions ont marché infiniment plus vite qu'elle, au lieu de la suivre dans une proportion convenable. Car si leur progression devait nous donner un critérium certain de l'état actuel de liberté, nous aurions la consolation de nous trouver infiniment plus libres que nous ne le sommes, et notre argent nous paraîtrait assez bien employé. Malheureusement il n'en est pas ainsi, et nous avons lieu de réclamer sur le prix exorbitant auquel a été mis le peu de liberté dont nous jouissons. Il y a plus, c'est que l'énormité des impôts nous fait remarquer davantage combien la somme de liberté est loin d'établir compensation, et combien on nous est encore redevable. Croit-on que j'en infère qu'il faut laisser subsister les impôts et nous rembourser en liberté? Je dis qu'il faut qu'on s'acquitte envers nous de la somme de liberté qui nous est due, et diminuer en outre les impôts, parce qu'ils sont encore disproportionnés avec la liberté la plus complète, et qu'ils nous empêcheraient de la goûter. Ici je m'appuyerai de Montesquieu qui a dit: « La liberté produit l'excès » des tributs; mais l'effet de ces tributs excessifs » est de produire à leur tour la servitude; et » l'effet de la servitude est de produire la diminution des tributs. » Or ce n'est pas par ce chemin là que nous devons arriver à cette diminution.

Nous demandons tous à grands cris des institutions, et nous avons raison. Nous demandons tous à grands cris de l'économie et des réformes et nous avons encore raison. Mais on nous dit qu'on ne peut obtenir tout à-la-fois, qu'il faut d'abord songer aux institutions (on nous les fait assez attendre), qu'après qu'elles seront venues, nous aurons le loisir de songer aux économies. Je ne suis pas tout-à-fait de cet avis-là, et je trouve cette manière de raisonner plus spécieuse que solide. Je sais qu'on ne peut obtenir tout à-la-fois et qu'il ne serait même pàs bon que cela fût ainsi, parce qu'il faut que les institutions soient créées avec prudence et avec toutes les lenteurs d'un mûr examen. Mais je sais aussi qu'il est des améliorations qu'on peut très-bien obtenir simultanément. Nous avons besoin d'institutions, mais quand nous les aurons, à quoi nous serviront-elles si le système actuel de dépenses subsiste encore, si des moyens de corruption, des fermens d'abus, des causes de ruine et d'oppression tendent incessamment à paralyser leur action et à les rendre illusoires? Allons au plus pressé ; quel est-il ? c'est toujours de se défaire des mauvaises habitudes parce qu'elles s'enracinent de plus en plus. Or, les mauvaises habitudes que nous tenons du gouvernement impérial naissent évidemment de l'énormité des dépenses publiques, et sont entretenues, choyées, multipliées par elles. Vous voulez d'abord des institutions pour cicatriser les plaies de la France. Eh ! bon Dieu, j'en suis aussi pressé que vous. Mais faut-il pour cela la laisser fléchir sous le fardeau qui l'accable ? Quand vous voulez guérir votre cheval, le laissez-vous sanglé, bâté, chargé ? passez-moi cette comparaison, je la choisis triviale, pour qu'elle soit frappante.

DE LA SPLENDEUR ET DE LA PROSPÉRITÉ.

> *Nisi temperato*
> *Splendeat usu.* **HOR.**

LES partisans des gros budgets nous parlent souvent de la splendeur des États qui, selon eux, en dépend nécessairement. On a malheureusement des idées très-fausses sur cette splendeur qu'on se plaît à confondre avec la prospérité. Celle-là réside ordinairement dans le luxe des gouvernans, la pompe des cours, la richesse et l'élégance des costumes, des équipages, la magnificence des fêtes, le nombre des grands fonctionnaires, des gardes, des soldats, des états-majors. L'autre consiste dans l'activité des manufactures, l'aisance du peuple, la connaissance répandue de l'agriculture, la confiance dans les transactions commerciales, et la circulation des richesses. Si l'on croyait qu'il y a prospérité partout où il y a splendeur, il s'ensuivrait que sous Louis XIV et même de tout temps, la France a été le plus heureux pays de l'Europe, parce que le luxe y a toujours été plus grand qu'ailleurs. Cependant malgré l'économe et paternelle administration des d'Amboise et des Sully, malgré l'essor donné à l'industrie par Colbert, le peuple Français était bien loin de jouir d'autant d'aisance et de bonheur que des peuples voisins beaucoup moins puissans que lui et infiniment moins magnifiques. J'aime à citer ici cette phrase d'un discours prononcé récemment par l'illustre ami de Washington :

« La splendeur d'un État ne consiste point dans
» le luxe de ses abus, mais dans la sévère éco-
» nomie de son administration et dans le libre
» développement de son industrie. »

Qu'on cesse donc de s'attacher trop à cette splendeur qui multiplie dans un État les hommes inutiles et les valets. Qu'on cesse de croire que les gros appointemens, les brillantes *siné-cures* sont indispensables pour soutenir la dignité d'un État. Que le trône soit environné de tout l'éclat qui lui convient, mais qu'on ne nous dise plus que c'est le seul moyen de maintenir sa majesté, et qu'il faut éblouir les regards du peuple pour lui imposer du respect, comme si le peuple ne savait pas que c'est lui qui fait les frais de tout ce qu'on étale à ses yeux, comme si l'exercice des hautes et nombreuses prérogatives de la couronne et l'immense latitude de ses moyens de faire le bien, ne lui attiraient pas tout le respect et toutes les bénédictions auxquelles elle peut prétendre. Qu'on ne se figure plus qu'un pays est heureux par cela seul qu'on y voit de belles revues, de pompeux cortéges, qu'on y a des hôtels et des meubles magnifiques, que beaucoup de gens y vivent dans l'abondance, que les hommes d'État y donnent de grands bals, et que chez les fonctionnaires on fait de bons dîners.

Cependant, tenez ce langage, demandez que les budgets soient établis dans l'intérêt des gouvernés, parlez de faire des suppressions, d'affranchir les communes, de répartir au moins plus légalement les impôts, si l'on ne peut les diminuer ; on vous accusera d'émettre des principes désorganisateurs. Laissez dire : l'injure ne décrédite la raison que dans l'esprit des sots. Mais s'il est vrai que le gaspillage soit organisé, que les abus soient réduits en système, que les vexations soient mises en régie, est-il bien honteux de s'être élevé contre cette espèce d'organisation, pour réclamer l'ordre, la justice et l'économie ? C'est précisément parce que les abus sont organisés qu'ils ont plus de consistance, et c'est parce qu'ils ont plus de consistance qu'il est plus courageux et plus honorable de les attaquer. Les abus honteux et isolés, les vexa-

tions non enrégimentées ne résistent que dans
l'ombre. Les systèmes d'abus, forts d'une résistance compacte, marchent au grand jour et la
tête levée.

~~~~~~~~~~~~~~~~~~~~~~~~~~~~

GÉNÉALOGIE DU BUDGET DE 1819.

Mox daturos

progeniem.........

COMMENT se fait-il que les dépenses publiques,
et par conséquent les impôts ont toujours été
en croissant dans une progression si rapide et
si effrayante? Qu'on m'explique pourquoi nos
budgets, qui étaient très - tolérables en 1792,
qui, sous le Directoire, étaient vraiment mes-
quins, insuffisans, et ne présentaient, par suite
de l'avilissement des assignats, que des sommes
réelles fort modiques, sous l'apparence d'é-
normes et vains fantômes de chiffres, qu'on
m'explique, dis-je, pourquoi les budgets se
sont tellement grossis que nous ne pouvons plus
les envisager sans frayeur? Il faut bien rendre à
chacun ce qui lui appartient. C'est à Bonaparte
que nous avons l'obligation d'avoir mis nos finances en si bon train. C'est lui qui a donné à
nos budgets cette force de développement si
remarquable, et qui les a disposés à grandir si
~~~~~~~~~~~~~~~~~~~~~~~~~~~~

merveilleusement. Il ne s'agissait pour cela que d'atteindre le second terme de la progression ; tous les autres devaient en naître nécessaire- ment, et nous l'avons effectivement vu. Les aug- mentations annuelles ont marché depuis cette époque, sans éprouver beaucoup d'obstacles. Les abus se sont fortifiés. Les hommes qui vivent de places, et ceux qui veulent en vivre se sont multipliés. Les salaires ont été presque doublés, les nouveaux projets, les désorganisations, les réorganisations n'ont fait qu'ajouter aux dé- penses, et les deux restaurations qui avaient fait concevoir aux amis de l'ordre et de la prospérité publiques, de si heureuses espérances de ré- formes et d'économie, les ont, hélas ! tristement déçues, et n'ont point interrompu le cours de tant de calamités.

Il serait amusant, s'il n'était pas attristant, d'ob- server la filiation de nos budgets depuis 1802. Dans cette singulière généalogie, bien différente de beaucoup d'autres, vous trouverez que les enfans, loin de dégénérer, sont de degré en en degré appelés à surpasser leurs pères. Le budget de 1802, humble tige de cette nouvelle race, ne montait qu'à la modique somme de 500 millions. Il engendra celui de 1803 qui était de 589 millions. Si, pour aller plus vîte, nous sautons plusieurs degrés, nous arrivons en 1807 à 720 millions, puis à 772 en 1808, à 786 en

1809, à 795 en 1810. Une fois que 1811 avait obtenu l'illustration de ce grand mot de milliard, il était naturel que 1812 y ajoutât 30 millions, et 1813, 150 millions. Maintenant, si l'on a égard à la conclusion de la paix, à la cessation des dépenses extraordinaires, à la réduction de près de moitié de la domination française, on conviendra que le budget de 1815, en ne s'élevant qu'à 791 millions, ne dérogeait point à ses glorieux prédécesseurs.

Mais laissons-là cette burlesque métaphore. Ici commence une nouvelle série de sommes plus énormes qu'elles ne l'avaient jamais été, mais dont une partie, à la vérité, doit être rejetée sur le concours des événemens les plus déplorables. Cependant, après avoir fait la part des circonstances, après avoir reconnu que la dette publique devait grossir nos dépenses, puisque les emprunts étaient indispensables, on ne peut s'empêcher de s'étonner que les budgets aient été encore aussi exigeans. 884 millions en 1816, (où un budget fut dépassé de 36 millions), 1,069 millions en 1817, et enfin 1,098 millions en 1818.

Les 889 millions 210 mille francs demandés pour 1819, n'exciteront sans doute pas moins de réclamations que les précédens budgets. Mais ces réclamations seront peut-être encore neutralisées par les explications, les instances et les protestations du ministère. Si on lui rappelle les promesses répétées chaque année d'alléger le fardeau qui pèse sur nous, il répondra, comme les années précédentes, *qu'il lui a été impossible de pousser plus loin l'économie, et qu'il a rempli fidèlement ses engagemens.* Cependant la France écoutera en silence les paroles qui retentiront à la tribune, de nouvelles voix courageuses s'élèveront, et de nouvelles plaintes seront recueillies. On demandera des explications sur les ressources de l'arriéré, des comptes bien clairs sur les produits indirects et éventuels. On réclamera des renseignemens sur les négociations des emprunts, et sur les motifs de préférences accordées aux étrangers, injurieusement pour la nation, et à son détriment. On s'étonnera de ce que les dépenses atteignent toujours au moins l'évaluation qui leur est allouée, sans qu'il y ait jamais de bonis. On se plaindra de ce qu'il ne soit rendu aucun compte d'une foule de revenus et de bénéfices secrets, non plus que d'une foule de dépenses du même genre. On nous apprendra comment il se fait que les budgets n'étant point invariablement fermés et arrêtés, sont tous disposés à enjamber les uns sur les autres.

On dira encore..... Mais à quoi sert d'anticiper ? Quand même le côté droit garderait dans cette occasion sa neutralité taciturne, le côté

gauche remplira honorablement la tâche qui lui
écheoirait alors toute entière. Il portera seul ce
pesant fardeau, à la honte de ceux qui en auront abandonné leur part. Il recevra la glo-
rieuse approbation de la France et se trouvera
assez payé. Il attaquera de front les abus, il
sapera le colosse financier qu'on nous présente;
il soutiendra le choc de ces armées innom-
brables de chiffres qu'on devrait décimer.

COUP-D'OEIL SUR LE BUDGET DE 1819.

Monstrum horrendum, informe, ingens, cui lumen ademptum.

J'ai dit qu'il fallait décimer le budget et je prends, si l'on veut, cette expression figurée dans son sens arithmétique. Il peut être diminué de 100 millions, surtout s'il est vrai qu'en laissant les dépenses intactes, on peut degrever la contribution foncière de 50 millions.

La dette publique et l'amortissement exigent 232 millions. On assure que cette somme ne peut plus que décroître. Pour moi, je crains que si les dépenses augmentent toujours au point de dé-passer les ressources, on n'ait encore recours aux emprunts, parce que c'est un moyen très-commode d'obtenir de l'argent, et qui ne fait crier personne. Il procure l'avantage de manger de suite les capitaux, et de ne grossir le budget qu'avec les intérêts. C'est une manière agréable de se ruiner sans s'en apercevoir. En pesant tout douce-cement sur le présent, on surcharge horrible-ment l'avenir, et l'on ne craint rien, parce que l'avenir n'est pas là pour se plaindre. — Cepen-dant qu'est-ce que cette émission de 48 millions de bons de la trésorerie (qui pourraient même

2.

s'élever à 72 millions), pour la garantie desquels le Ministre propose de donner 5 millions 180,000 francs de rentes, lesquelles rentes seraient négociées si le trésor ne remplissait pas scrupuleusement ses engagemens ?

Le budget de l'intérieur, augmenté de 7 millions 783 mille 200 francs, monte à 102 millions 700 mille francs ; qu'il soit comparé à tous les budgets passés de l'intérieur, et l'on conviendra que jamais plus de latitude n'aurait été accordée pour réparer les routes, les églises, construire des canaux, des ponts, aider l'agriculture, le commerce, l'industrie. Mais on ne dépense pas 102 millions qu'à cela seulement. L'instruction publique coûte 2 millions 800 mille francs aux contribuables, et cependant les parens la paient très-cher de leur côté, en frais d'inscriptions, de diplômes et en taxes universitaires. Encore elle n'est pas libre. Dans nos anciennes Universités, elle était du moins presque gratuite. Pourquoi ne voit-on pas de fonds spéciaux affectés à l'enseignement élémentaire du peuple ? L'administration générale coûte 1,800,000 fr., et il ne s'agit ici ni des préfets, ni des sous-préfets, etc. Il y a dans le discours de M. le Ministre des finances une phrase singulièrement consolante : il nous donne l'espérance d'*économies qu'on doit obtenir dans les frais d'administration, dont une partie tient à des travaux et à des* INSTITUTIONS TEMPORAIRES. Acceptons - en l'augure.

La Justice nous coûte 12 millions : or, on comprend dans la Justice le Conseil - d'État pour 801,000 fr., et les Ministres d'État pour 256,500 francs.

Le Ministère de la guerre exige 31,600,000 f. d'augmentation, et il obtiendrait alors 192 millions 750 mille francs. Mais il faut regarnir les places, refaire le matériel, augmenter l'armée. Ici il y a réellement nécessité : mais elle est bien ruineuse, et il y a bien des états-majors !

Le budget partiel le plus volumineux est celui des finances : 257 millions!! Les intérêts de la dette flottante sont un article fort inquiétant. Cette dette se forme de valeurs émises par le Trésor, soit pour soutenir, à défaut de numéraire, le cours de ses paiemens, soit pour recevoir les placemens temporaires de ceux à qui ce mode d'utiliser leurs fonds paraît convenir. Mais où s'arrêtera cette nouvelle espèce d'emprunt ? Quelle loi lui fixe des bornes ? Le Ministre nous dit que cette dette n'augmente point, que ce qui sort d'un côté rentre de l'autre. J'ai peine à le croire, puisqu'il ajoute lui-même que les intérêts sont augmentés cette année de 2 millions, et montent à 10,317,000 f. Je conviens qu'elle coûterait plus à rembourser qu'elle ne coûte à conserver ; mais je persiste à penser que si l'on ne rembourse jamais et qu'on emprunte toujours, on augmente ses dettes. Il n'y a là que du simple bon sens. C'est donc encore un moyen de manger des capitaux sans s'en apercevoir.

Pourra-t-on jeter un coup-d'œil sur 66 millions 938,000 fr. de pensions ? sur 8 millions d'intérêts de cautionnemens dont le capital est donc dépensé, intérêts que la nation paie en double emploi ? sur 11,800,000 fr. de dette viagère ? S'étonnera-t-on de 136,370,000 fr. de frais de perception, de 7,565,000 fr. que coûte le Ministère seul, de 7,590,000 fr. de frais de négociations ? Deux articles fixeront sans doute l'attention des Chambres. Je parle de leurs dépenses. La Chambre des Pairs se signalera peut-être par un beau désintéressement, en faisant le sacrifice de ses 2 millions. On reconnaîtra, qu'au lieu de payer le pouvoir aristocratique, on devrait indemniser les Députés de la nation, comme l'a si complétement prouvé M. Boissy-d'Anglas, dans un discours récent. Le président et les questeurs de la Chambre des Députés abandonneront peut-être des traitemens égaux à ceux dont se contentent le président et les ministres des vingt-deux États-Unis d'Amérique. Assez de véritable considération est attachée à leur caractère et à leur poste éminent, pour qu'ils n'aient pas besoin de rechercher celle qui ne s'attache

qu'à la fortune. A quelles dépenses, à quelle
représentation un président de la Chambre est-
t-il astreint ? Pour lui, la manière la plus noble
de représenter, est de tenir avec dignité sa place
dans le fauteuil, de présider avec calme et fermeté, et de maintenir l'indépendance de la tribune.

Ici se présente un article qui, bien différent
des autres, m'étonne précisément par sa modi-
cité. C'est celui de la légion d'honneur, qui
monte à 240,000 fr. Comment, me suis-je dit, c'est
à si peu de frais qu'on remplit, envers tant de
braves mutilés sur les champs de bataille, des
engagemens dont j'ai entendu autrefois exagé-
rer la pesanteur ? Quoi, il ne faut que cela pour
s'acquitter avec de vieux serviteurs de la patrie,
qui lui ont prêté leur vie et leur sang, et qui
attendent, dans une paisible retraite, ces faibles
secours pour soutenir les restes d'une existence
usée par les fatigues ? Quoi, cette dette viagère
que les chagrins, les humiliations passées, les
souffrances physiques et morales d'une vieillesse
prématurée, amortissent rapidement, ne monte
qu'à 240,000 fr. ? Mais s'il était vrai que plusieurs
de ces malheureux créanciers ne reçoivent pas
la totalité de leur pension, on serait alors bien
plus coupable. Du moins devrait-on considérer
cette frustration comme une retenue. Mais, à
propos de retenue, est-il vrai que celles qu'on

fait aux employés devaient cesser à l'évacuation du territoire ? Cependant on les porte en recette pour 11,200,000

Mais ce n'est pas tout : après avoir parcouru le budget, vous croyez peut-être que la France ne paie que 889 millions d'impôts divers. Ah ! vous n'y êtes pas. Et les cinq centimes facultatifs des départemens pour dépenses extraordinaires ? Et les cinq centimes pour dépenses variables ? Et les centimes éventuels pour dépenses extraordinaires des communes ? Et les octrois des villes, et les taxes de police locale, etc., etc. Il est un petit budget qui paraît tous les ans incognito, et monte à la petite somme de 34 millions, qui suffirait pour gouverner les Etats-Unis. Il n'est ni vôté ni discuté constitutionnellement. On l'imprime à 200 exemplaires, et on le distribue à des personnes choisies ou à celles qui l'ont confectionné. La ville de Paris fait en outre de très-gros emprunts en vertu d'ordonnances. Des valeurs de l'arriéré sont affectées à leur remboursement. Les rembourse-t-on ?

Le palliatif qu'on emploie pour faire passer le budget, c'est le départ des étrangers. Maintenant, nous dit-on, toutes les dépenses sont nationales. Nous nous en réjouissons tous. Mais il n'était pas nécessaire, pour nous faire goûter ce bonheur, d'augmenter de 89 millions le budget de 1818, soustraction faite des dépenses étrangères. — Voici un grand argument financier : on paie bien, donc on est encore riche. C'est donc ainsi qu'on récompense le zèle du peuple à acquitter ses impôts. Voilà donc ce qu'il gagne à porter son argent au terme échu. On le surcharge de nouveau, et son exactitude elle-même fournit des armes contre lui.

Je dis qu'on pourrait retrancher 100 millions du budget de 1819, et vous haussez les épaules ; cependant, songez donc qu'il n'y a là qu'une diminution de 11 millions, puisqu'on propose 89 millions d'extraordinaire.

DES PAUVRES ET DES TRAVAUX PUBLICS.

*Dives locutus est, et omnes tacuerunt, et
verbum illius usque ad nubes perducent.
Pauper locutus est, et dicunt : quis est
hic ! et si offenderit, subvertent illum.*

ECCLESIAST. c. 13.

S'IL était impossible d'opérer cette année la
moindre diminution de l'énorme total du budget, il serait à désirer que les sommes des budgets particuliers fussent sévèrement proportion-
nées à l'utilité et à l'urgence des besoins. Une
distribution salutaire des ressources publiques
serait déjà un acheminement vers l'économie,
car elle nécessiterait les réformes les plus indispensables. Elle offrirait au moins une consolation aux contribuables qui croiraient leur argent
mieux employé, répandu dans de plus petits
canaux et moins éloigné de leur revenir. Car
c'est là un grand point, auquel on ne songe pas
assez, qu'il importe surtout de favoriser le retour
du numéraire aux mains d'où on le tire sans
cesse, et de ne pas tarir les sources de la pro-
duction. — La grande circulation, celle des
finances et du commerce, est bonne, en ce
qu'elle entretient le crédit, qu'elle maintient,
jusqu'à un certain point, l'équilibre entre les

départemens, qu'elle multiplie les ressources des grands producteurs. La petite circulation, celle des travaux publics, des secours, des pensions, primes, salaires et récompenses modiques, est très-bonne aussi, en ce qu'elle améliore l'existence d'un grand nombre de consommateurs, qu'elle dirige l'activité vers des objets d'utilité générale, et qu'elle reporte directement le numéraire à tous les petits et grands producteurs, sans qu'il soit détourné de sa route, soit par la thésaurisation, soit par les spéculations étrangères, soit par le manque de confiance, l'expectative ou les spéculations sur des valeurs idéales, spéculations improductives, qui ne font circuler le numéraire que dans un cercle vicieux où il est frappé de stérilité. De la petite circulation naît le bien-être du peuple. Elle compense la concentration dans les grandes villes de toutes les jouissances d'un luxe effréné, et répand, dans les provinces, celles de l'aisance et d'un luxe modeste qui est incomparablement plus avantageux pour l'industrie et le commerce. Enfin, elle tend à s'opposer, par une action continue et insensible, à la *centralisation*, système pernicieux qui donne aux Etats l'apparence de la prospérité, lorsque la misère générale ne crie pas assez haut contre le scandale de l'abondance agglomérée.

Ainsi, on devrait d'abord s'étonner et ensuite

se plaindre de ce qu'il est accordé aux pauvres
à peine 3 millions dans un budget où les riches
tiennent tant de place, et sont traités avec tant
de sollicitude ! Et encore ces 3 millions passent
dans bien des mains d'administrateurs et d'éco-
nomes avant d'arriver à leur destination. Il est
fait bien des retenues, des frais, des défalca-
tions. Combien les malheureux en reçoivent-ils
en dernier résultat ! Nous nous félicitons et
nous nous glorifions beaucoup de ce que notre
situation, à l'égard des pauvres, soit infiniment
plus florissante que celle de l'Angleterre. Effectivement, je suis à peu près convaincu que si
le nombre des indigens de ce pays est évalué
à un septième de la population (1), celui des
nôtres ne doit l'être guère qu'à un dixième.
Je reconnaîtrai volontiers aussi que la législa-
tion anglaise sur les pauvres est très-vicieuse,
et ne tend qu'à augmenter leur population aux
dépens de la population industrieuse. Je con-
viendrai que le *Poor-tax*, impôt illimité et irré-
gulièrement levé sur la classe aisée, commence
à devenir ruineux, et que ce système de bienfaisance coërcitive n'aboutit qu'à recruter la

---

(1) Les calculs les plus récens d'économistes anglais font
monter le nombre des pauvres à 4 millions, ce qui les met
dans un rapport de 4 à 15 avec la population totale ; car
on compte sans doute ceux des trois royaumes.

classe des pauvres dans celle à laquelle on arrache les aumômes.

Cependant que l'on compare le montant de
ce que reçoivent les pauvres dans les deux pays,
on trouvera qu'il y a une disproportion immense, sans même tenir compte de la différence
des populations, ni de la somme comparative du
numéraire. On peut lire partout que la taxe des
pauvres s'élève maintenant à 8 millions sterling,
et cette évaluation a été récemment reproduite
à la chambre des communes (1). Si l'on ajoute
à cela le revenu des biens immenses des pauvres
que l'on administre à leur intention, on ne
hasardera pas trop en faisant monter à plus de
250 millions de francs les fonds qui leur sont
destinés annuellement en Angleterre (2). Chez

---

(1) Dans un discours très-curieux de M. Curven à l'occasion de la motion de M. Sturges Bourne tendant à la
reconstitution du comité d'enquête sur les pauvres, que ce
dernier a honorablement présidé pendant le parlement pré-
cédent. (*Times*, 9 *février* 1819.)

(2) Il conste d'un rapport fait à la chambre des communes
par son comité d'enquête, qu'en 1813, 1814 et 1815, les
frais prélevés sur la taxe ont été de 2,034,652 liv. st. annuellement. Il est de notoriété publique en Angleterre que
les familles qui ont le privilége de consacrer leurs soins à
percevoir les revenus des biens des pauvres, en vivent très-
honorablement. M. Brougham écrivait à sir Samuel Romilly

nous les indigens ne sont portés dans les dépenses du budget que pour 2,550,000 fr. (1).
Puisqu'on ne peut pas en tirer cette conséquence,
que le nombre des pauvres de la France est à
celui des pauvres de l'Angleterre, comme les
secours donnés en France, sont aux secours
donnés en Angleterre ; il faut en déduire celle-
ci, que nos voisins font pour leurs pauvres
beaucoup trop de sacrifices, et que nous n'en
faisons pas assez ; qu'enfin les indigens doivent
être chez nous très-malheureux, et cela est effectivement. Combien n'en meurt-il pas chaque
jour de faim et de misère ? Combien d'autres,
las de traîner une existence insupportable, en
proie à tous les besoins, accablés de tous les
maux, privés de tous les secours, ne l'abré-

qu'il y a une fondation dont le produit est affecté depuis
long-temps aux frais des élections dirigées par une famille
puissante.

(1) Savoir : 550,000 francs portés au budget de l'Intérieur pour établissemens de bienfaisance, et deux millions
affectés à des secours et travaux de charité, produits par un
centime départemental. Je sais bien qu'on doit ajouter à cela
les revenus des hospices, les centimes facultatifs, si tant est
qu'on en asseoie souvent au profit des pauvres, quelques
faibles sommes distraites du produit des octrois, les retenues
des spectacles, et les généreuses offrandes de la bienfaisance
privée ; et les efforts plus éclairés et plus efficaces de la
bienfaisance associée. Mais croit-on que cela soit suffisant ?

gent-ils pas par des suicides que nous devons trouver excusables sous peine d'en faire retomber la faute sur nous ? Il n'y a donc réellement que les mendians qui vivent ; mais les pauvres, les vrais pauvres, infirmes, vieillards, incapables de travailler ou manquant d'ouvrage, meurent ou languissent. Où peuvent-ils trouver un abri, un gîte ? Quelles retraites leur sont ouvertes ? Où sont les vêtemens et les alimens dont ils ont besoin ?

Les sommes votées pour des travaux publics ont une destination bonne en elle-même, surtout quand ces travaux sont utiles. Les Députés sont ordinairement disposés à les accorder. Mais avec quelle douleur ne voit-on pas que dans un budget de 889 millions, à peine 60 sont employés à produire utilement, et que tout le reste est distribué avec profusion à la classe qui ne produit rien ?

DU SYSTÈME DES SALAIRES.

Ubi multæ sunt opes , multi qui comedunt eas. Ecclesiast.

Je voudrais resserrer ici, en peu d'espace, ce qui a été dit sur cette matière, tant en Angleterre qu'en France (1). Examinons d'abord l'accroissement et la multiplication des salaires.

Il semble qu'on ait constamment pris à tâche de créer un appât pour attirer les hommes dans le gouvernement. On veut se concilier des partisans, se donner des appuis, des prôneurs, des défenseurs, et l'on imagine des places. De cette manière, on arrache les citoyens à une industrie indépendante, dont on leur fait perdre l'habitude, afin de se rendre arbitre de leur existence. Ce sont autant de créatures nouvelles qu'on place dans sa dépendance absolue. On tient leur sort dans ses mains; on tire parti de leurs besoins toujours renaissans. On alimente leur ambition d'espérances, et l'on met à profit tour-à-tour et cette ambition qu'on leur souffle et la crainte d'être abandonnés un jour sans

___

(1) Dans plusieurs bons ouvrages de nos publicistes économistes, et notamment dans le tome XI du Censeur.

ressources. Voilà comme on enchaîne les hommes. Mais qu'en arrive-t-il ? On finit par être soi-même victime des moyens qu'on a tournés contre eux. Une grande calamité s'étend sur l'Etat. Les hommes qu'on a réduits à ne pouvoir subsister qu'à ses dépens, se multiplient et se recrutent d'une manière prodigieuse. Ceux qui sont placés réclament de l'avancement comme une chose qui leur est due, ou sollicitent d'autres places pour les cumuler ensemble ; car ces cumuls sont assez nombreux ; et l'on s'étonne que les hommes à places eux-mêmes, n'aient pas obtenu à cet égard des réglemens auxquels ils sont si intéressés. On est forcé de multiplier les places qu'ils assiègent de toutes parts ; on s'ingénie de mille inventions fiscales ou administratives pour occuper tant de gens. On grossit le budget et l'on augmente les impôts.

Mais bientôt les dépenses arrivent à leur apogée. Il faut cesser de créer des places et d'augmenter les salaires. Cependant les postulans naissent toujours ; leurs clameurs redoublent et deviennent plus aiguës. Les peuples gémissent avec moins de bruit à la vérité. Néanmoins on ne peut s'empêcher de les entendre. Que peut-on faire ? Surcharger les peuples ? C'est impossible. Les soulager ? Il faut donc faire des réformes. Mais des milliers de familles vont être réduites à l'indigence. On ne peut donc ni avancer ni reculer. Quelle position !

Je renvoie aux almanachs impériaux et royaux ainsi qu'aux budgets précédens, ceux qui désirent savoir à quel point le nombre des salariés a été augmenté depuis 1792, et qui veulent se convaincre que le montant des salaires a été accru précisément en raison directe du nombre des salariés. On pourrait croire cependant que le contraire aurait dû avoir lieu, et que pour faire participer un plus grand nombre d'individus aux largesses du trésor, on les aurait divisées en plus petites sommes pour les répartir selon la justice distributive. Point du tout. On s'est évité cette peine. Il faut en convenir, on se voit presque entraîné à agir ainsi, par la pente trop glissante que l'on a suivie, par l'autorité des exemples antécédens, par l'importunité de la foule de postulans dont on est assailli. On fait plus; pour satisfaire le besoin d'activité, d'autorité et d'argent de cette immense armée de volontaires administrateurs, on étend la sphère du Gouvernement. Bonaparte avait mis en régie l'industrie publique et le commerce ; il aurait fini par organiser des *directions* qui se seraient chargées de toutes nos affaires, et l'homme qui avait si bien *la science du pouvoir*, en aurait atteint toute la perfection, s'il fût parvenu à l'appliquer au gouvernement de nos familles, en abandonnant à l'armée administrative le pillage régulier de nos fortunes.

Voyons maintenant les inconvéniens du système ruineux dont l'objet est de soutenir l'Etat à l'aide des salaires. On peut très-bien prouver qu'au lieu de le défendre, la milice des salariés ne fait que l'envahir et le mettre sous sa dépendance. On peut observer que ce système tend à corrompre une nation, à la détourner de l'agriculture et de l'industrie, en sollicitant les citoyens à s'immiscer dans le Gouvernement, où ils sont sûrs de trouver des métiers lucratifs. Il n'est pas bon pour la liberté que l'autorité soit plus qu'indemnisée, parce qu'elle cesse d'être impartiale et qu'elle voit deux intérêts opposés dans l'Etat, celui des Ministres qui la paient, et celui des administrés qu'elle fait payer ; or, elle ne balance pas. Il n'est pas bon pour l'autorité, que la considération attachée à de hautes fonctions cesse d'être la plus précieuse récompense pour celui qui les remplit, et qu'il trouve beaucoup plus honorable de toucher de gros appointemens que de se condamner à un stérile et ridicule désintéressement ; parce qu'alors l'autorité se décrédite elle-même dans l'esprit du peuple, et que la vénalité finir par la miner, comme la rouille ronge le fer. Il n'est pas bon pour l'administration publique, que les fonctions, au lieu d'être une charge réelle, soient au contraire un bénéfice, parce qu'elles sont convoitées par tous les ambitieux ; de quelque parti qu'ils soient, qu'elles mettent en mouvement un essaim de gens médiocres et médiocrement bien intentionnés, tandis que les hommes intègres et indépendans par leur fortuue ou par leur caractère, en sont éloignés, parce qu'ils sont peu jaloux de les disputer à de si ardens compétiteurs. Il n'est pas bon pour la stabilité d'un Gouvernement qu'il y ait des gens intéressés à son renversement, par l'espoir de rentrer dans les places qu'ils ont occupées. Enfin, il n'est pas juste que les administrés n'aient aucune raison de s'applaudir des avantages de l'état social et de l'ordre public, après avoir aliéné une très-grande partie de leur liberté pour n'obtenir qu'une tranquillité fort imparfaite, modifiée par une foule de vexations subalternes, et avoir abandonné tous les ans une portion notable de leur revenu, pour voir croître tous les ans les prétendus besoins de la communauté, sans que la prospérité générale y gagne rien, et au grand détriment de leur prospérité particulière. Il ne faut pas qu'ils aient lieu de dire qu'à tout prendre ils auraient autant de bénéfice à n'être point protégés si on leur fait acheter si cher la protection (1).

____

(1) En lisant un ouvrage très-estimable, intitulé : *De la*

Un citoyen des Etats-Unis qui a sa fortune à faire, dit : je vais me livrer à quelque branche d'industrie ; car où trouver ailleurs des moyens d'existence ? La loi me défend de rester à ne rien faire, puisqu'elle veut que je m'enrichisse. Un Français, soit qu'il ait ou qu'il n'ait point de fortune, s'il trouve au-dessous de lui d'exercer une profession utile et industrieuse, il se dit : il faut que j'obtienne une place. Je laisse à d'autres les états moins honorables dont ils se contentent. Un homme comme moi ne peut se passer de considération. Il faut bien être quelque chose et faire quelque figure dans le monde. Vous dites qu'il y a beaucoup de prétendans ; cela ne me décourage pas. Avec mon mérite, je ne peux rester long-temps ignoré : et puis on se doit à sa patrie ; il faut payer à l'Etat le tribut de ses services. Je me sens un désir tout particulier du bien public.

Il me prendrait une terrible envie de lui ré-

Force des Gouvernemens, je trouve cette phrase qui s'accorde très-bien avec tout ce que j'avance, et l'établit encore plus nettement : « Il n'y a que deux espèces d'hommes dans les sociétés, ceux qui vivent de leur travail ou de leur propriété, et ceux qui vivent sur le travail ou la propriété d'autrui. Les uns forment la classe des propriétaires et des industrieux ; les autres sont ou mendians, ou voleurs, ou gouvernans. »

pondre : mon cher Monsieur, je reconnais tout votre mérite ; mais croyez-moi, si vous avez de quoi vivre, vous pouvez vous passer de places et les places se passeront de vous. Il y a une foule d'administrateurs à la suite, d'un talent probablement équivalent au vôtre, qui ne songent à rien moins qu'à les laisser vacantes. Je loue votre patriotisme ; mais vous pouvez en toute sûreté vous reposer sur le leur du soin de servir l'Etat. Ils ne le cèdent en rien sur cela aux plus grands hommes de l'antiquité. Ils sont enflammés du plus beau zèle pour le bonheur de la patrie, pourvu qu'ils aient l'avantage de le procurer. Ils sont toujours prêts à lui offrir le sacrifice de leur temps et de leur repos, l'appui de leur dévouement et de leur activité ; si vous n'avez pas de fortune, tournez vos moyens vers une industrie honnête, et soyez sûr que vous rendrez à la patrie des services beaucoup moins contestables. Vous avez tort de mépriser cette manière de se rendre utile, et vous vous méprenez sur la véritable considération, si vous croyez ne pouvoir en obtenir ainsi. Je vous renvoye à ce que les moralistes ont écrit là-dessus, et je souhaite de tout mon cœur, pour le bien de la France, que tous les fonctionnaires publics jouissent parmi les honnêtes gens d'une aussi juste considération, que beaucoup de citoyens industrieux de ma connaissance.

En imputant aux salaires la plus grande partie des dépenses auxquelles nous devons subvenir, je suis loin de rejeter le blâme sur les salariés. Nous en connaissons tous de très-estimables ; nous avons parmi eux nos parens et nos amis ; peut-être nousmêmes sommes-nous ou avons-nous été salariés ; enfin, il en est beaucoup entre eux qui pensent sur ce point comme tous les hommes raisonnables. C'est uniquement le système que j'accuse ; et au lieu de les blâmer, je plains ceux qui le soutiennent, parce qu'ils sont malheureusement réduits à n'avoir d'autre industrie que celle que le système fait fructifier.

DES RÉFORMES.

Ignavum fucos pecus à præsepibus arcent.
VIRG.
Les abeilles chassent les frélons paresseux.

A différentes époques on a ébauché des réformes, et cela toujours sans succès. Il semble qu'on n'ait pas procédé avec cette franchise et cette prudente fermeté qui annoncent qu'on veut réellement atteindre un but. On a paru ne tenter que dans l'intention secrète de ne pas réussir. Quand il s'est agi d'économies, on en a proposé de mesquines, comme si l'on eût voulu nous convaincre qu'il est impossible d'en faire de considérables ; et nous amener à dire qu'autant vaut n'en pas faire du tout. On a encore cherché à nous en dégoûter, en les dirigeant précisément vers les services publics les plus importans et les plus urgens ; tandis qu'on eût laissé intactes ces branches gourmandes, dont l'insolente et stérile végétation prospère aux dépens de l'arbre épuisé. A-t-on essayé des réformes, on les a fait porter sur les emplois subalternes et sur les fonctions le plus modestement rétribuées ; tandis qu'on a augmenté le nombre et les appointemens des employés supérieurs. On a fort allégé pour ceux-ci le fardeau des retenues qu'on a fait peser sur les autres ; et c'est là ce qu'on appèle des réformes ? Le résultat de cette tactique a été d'augmenter les dépenses, et de frapper un grand nombre de malheureux, dont les plaintes ont révélé partout l'injustice dont ils sont victimes. De sorte que cette parade, administrative, au lieu de nous présenter le simulacre d'une réforme quelconque, n'a abouti qu'à nous en montrer le côté affligeant, sans nous en faire goûter les avantages. Mais on a tenté en 1816 une autre manière de réforme toute particulière : c'est ce qu'on a appelé l'épuration, qui n'a fait que déplacer le mal en répandant la désolation, et qui a prouvé qu'on faisait moins la guerre aux principes qu'aux places.

Mazarin disait que lorsqu'il donnait une place,

il savait qu'il faisait dix mécontens et un ingrat. L'épuration a eu cela de particulier, que tout en multipliant prodigieusement ces mécontens-là, elle a ajouté un nombre égal de victimes à celui de ce que Mazarin appelait des ingrats. Et voici ce que l'économie y a gagné : force à bien été d'accorder aux victimes les pensions auxquelles elles avaient droit ; et pour se concilier d'avantage l'attachement des *ingrats*, on a en partie augmenté les traitemens. Heureux encore que leur reconnaissance n'ait pas été mise à plus haut prix.

Comment faut il s'y prendre pour opérer franchement des réformes? Il faut faire directement l'inverse de ce qu'on a fait. Il ne faut point chasser des gens à qui l'on n'a rien à reprocher, pour mettre à leur place d'autres gens qu'on n'est pas sûr de trouver irréprochables. Il ne faut pas diminuer les appointemens d'un côté et les augmenter de l'autre. Il ne faut pas mutiler les branches à fruit, pour conserver les branches stériles. Il ne faut pas que les malheureux qui sont forcés par les vices du système, à vivre de leur produit, soient tout d'un coup victimes de son renversement. Vous avez arraché ces hommes à l'industrie ; sans vous ils auraient un état. Ne les abandonnez pas à la misère, et aux suites d'un désœuvrement qu'ils vous imputeraient. Mais annoncez qu'ils n'auront point de succes-

seurs, et la foule des postulans se tournera insensiblement vers le travail. Tuez les places et in-
demnisez ceux qui les occupaient. Supprimez
les sinécures ; rognez les appointemens, mais au
lieu de le faire dans une progression croissante
du grand au petit, faites-le dans une progression
croissante du petit au grand. Que l'administration publique soit une charge honorable et non
un métier lucratif, elle ne coûtera pas cher ; et
gardez-vous de douter qu'il ne se présente des
administrateurs éclairés et incorruptibles. Que
le livre des pensions soit revu, corrigé et consi-
dérablement diminué. Voilà ce que j'appele
des réformes.

DES VÉRITABLES INTÉRÉTS DU MINISTÈRE.

Optimum elige, suave et facile
illud faciet consuetudo.

On est bien loin de ma pensée si l'on croit
que je veuille inculper en rien les intentions du
ministère actuel. Je pense au contraire qu'aucun
ministère ne s'etait encore annoncé sous des
auspices si rassurans et n'avait permis à la nation
de concevoir de plus heureuses espérances. Il
est aisé de voir que tout ceci ne s'adresse qu'aux
ministères précédens. Ils ont tracé la route, ou,
pour mieux dire, ils ont uni la pente comme

pour la rendre plus glissante et l'entraînement plus irrésistible. Le triste héritage d'abus crians, d'habitudes funestes, de prodigalités justifiées par des exemples, de désordres légitimés par l'impunité, de fausses directions appuyées sur des lois et des antécédens, que le ministère a reçu de ses prédécesseurs est tel, qu'il lui est difficile de le répudier tout-à-fait, ou de ne l'accepter que sous condition. Il peut même se croire forcé d'en subir toutes les conséquences; mais où s'arrêtent ces conséquences ? C'est ce qu'il est effrayant d'envisager. Si l'on se laisse entraîner par la funeste impulsion qu'ont reçue successivement les ministères, la force et la vîtesse croîtront, et avant peu nous serons tous précipités dans un abîme de dépenses et de misère au fond duquel est la banqueroute, la *hideuse banqueroute*, comme parlait Mirabeau. L'Angleterre, qui roule depuis long-temps vers cet abîme, y arrivera peut-être bientôt; il y a plus, c'est qu'elle est parvenue au point où elle ne peut qu'accélerer sa chûte. La résistance lui est impossible; elle ne doit espérer son salut que dans la ruine, car le bien est impuissant contre la force d'un mal toujours croissant. Mais quand le mal est au comble, le bien reprend son énergie, et c'est après cette crise que commence la reconstruction de l'ordre. Je me hâte de dire qu'heureusement la France n'est pas

dans le même cas , il est encore temps pour
elle de s'arrêter sur le précipice et de rega-
gner le sommet. Pourquoi le ministère semble-
t-il hésiter de prendre franchement ce parti ?
Le voici. Indépendamment de l'empire des habitudes qui paralyse les intentions les plus courageuses, un ministère ne peut que difficilement
se soustraire à la domination des homm s à
places, domination très-redoutable qui s'exerce
ostensiblement par des prières et en secret par
des menaces. Les ambitieux à *placer* ou à *avancer*, composent une milice beaucoup moins
soumise qu'on ne pense. Ce sont les prétoriens
de l'administration. Ils élèvent et renversent
leurs chefs. Ils leur imposent des conditions
et se vengent quand ils ne les trouvent pas
suffisamment observées. Vous pensez bien qu'on
n'ose qu'à la dernière extrémité mécontenter
de si terribles cliens.

Il y a deux espèces de popularité. Celle qu'on
achète de la population gouvernante, et celle
qu'on obtient de la population gouvernée. L'ath-
mosphère qui entoure ordinairement un ministère, l'empêche d'apprécier cette dernière, d'en
reconnaître la puissance, et de se persuader que
son véritable intérêt est de la conquérir. Obsédé
incessamment par la population gouvernante,
il s'accoutume à croire que l'autre a moins d'importance, que celle-ci la dirige , lui fait des

opinions, des habitudes, jusqu'à des intérêts, et lui inspire la résignation nécessaire pour se trouver heureuse. Il se borne à ambitionner les suffrages d'hommes qui prétendent avoir tant d'influence, et s'endort sur la foi de défenseurs, et de prôneurs si essentiels. Il finit par se persuader que ces gens-là sont une majorité, parce qu'ils sont partout, qu'il se présentent sur tous les passages, qu'ils remplissent les salons et les anti-chambres ; parce qu'ils parlent plus, plus haut et avec plus d'autorité que les autres ; parce qu'ils ne cessent de répéter qu'ils sont nombreux, et qu'ils emploient, pour le faire croire, toutes les ressources dont on se sert pour multiplier une petite armée aux yeux de l'ennemi. Cependant, si la masse indépendante et tranquille de la nation venait tout-à-coup à se montrer au milieu d'eux, ils seraient perdus dans la foule, et cette prétendue majorité deviendrait imperceptible.

Eh bien, que notre ministère essaye donc de s'appuyer enfin sur la popularité des gouvernés ; il verra quelle force imposante il se sera acquise. Qu'il écarte une clientelle exigeante et temporaire, qu'il fonde sa stabilité sur une puissance moins précaire et moins équivoque, celle de l'opinion publique ; qu'il s'affranchisse du joug des ambitions de flatteurs insatiables et prêts à l'abandonner. Il gagnera une véritable popularité, il se conciliera tous les esprits excepté les esprits faux, ou passionnés, ou intéressés, et ils sont en minorité. Le peuple, ce bon peuple, qui souffre et ne se plaint pas toujours, qni paie avec une soumise exactitude, et n'aspire qu'au repos, qui s'éclaire et devient meilleur en recevant en même temps des lumières et des mœurs, qui juge ceux qui le gouvernent et ne les flatte jamais, le peuple chantera ses louanges. C'est le plus beau triomphe auquel puisse aspirer un ministère. C'est celui qu'avaient ambitionné les Lhôpital, les Sully, les Turgot.

Pour cela, que doivent faire nos ministres? Il n'ont pas à hésiter. Ils doivent commencer dès cette année à entrer dans le champ des économies et des réformes. Je dis dès cette année, et j'insiste, parce que plus on attendra, plus on éprouvera d'obstacles, plus il y aura de froissement, d'ébranlement peut-être. Les Chambres leur épargneront une partie de la besogne; elles attaqueront leur budget, essayeront de diminuer quelques recettes et censureront quelques dépenses. Qu'ils aient la générosité de ne pas s'obstiner à les défendre. Alors il se formera dans les Chambres une majorité consciencieuse qui commencera avec prudence et fermeté le grand œuvre de notre restauration politique et financière; le ministère, en marchant à côté de cette majorité, sera fort contre les ambitieux et les mécontens. Il pourra ne pas s'effrayer de leurs menaces, et saura mépriser leurs clameurs ; les Chambres se chargeront volontiers de tout l'odieux de mesures qui auront pour résultat de soulager le peuple.

Parmi les membres de l'une et l'autre Chambre qui croient leur conscience engagée à soutenir tous les projets du Gouvernement, il en est qui désirent au fond le triomphe des principes qu'ils semblent combattre, et la répression des abus qu'ils semblent défendre. Se croyant plus liés, par des motifs particuliers de reconnaissance et d'affection que par le mandat sacré qu'ils ont reçu de leurs commettans, ou par l'importance de leurs prérogatives politiques, ils secondent le pouvoir par habitude, par aversion pour l'opposition et la résistance, par crainte du désordre, exagérée, mais excusable. Cependant si le ministère les conduisait dans une route plus conforme à leurs intentions, ils y marcheraient honorablement ; s'il leur donnait l'exemple d'une courageuse sévérité, ils se féliciteraient de pouvoir l'appuyer ; s'il déclarait aux abus une guerre franche et ouverte, ils suivraient ses drapeaux avec empressement. Ils sont vraiment amis de la liberté, mais ils ne veulent la servir qu'autant qu'ils en ont reçu la permission.

Le ministère aurait encore pour lui, dans ce cas, ceux qui se sont déclarés ses ennemis implacables, et qui ont pris à tâche de contrarier toutes ses mesures par les efforts continus d'une opposition aveugle et systématique; car ces opposans ont toujours réclamé avec instances l'économie et les réformes (excepté en 1816). Ils ne voudraient pas mettre leurs actions en contradiction avec des vœux si patriotiques. Les réformes qui atteindraient le clergé ou l'aristocratie, seraient les seules qui pourraient les trouver récalcitrans. On en serait quitte pour entendre à la tribune quelques homélies des honorables membres qui se sont arrogés la noble mission de défendre les intérêts temporels de l'église. On sait qu'ils jettent les hauts cris sitôt qu'on paraît croire que la religion de l'évangile n'a pas besoin de pompes et de richesses mondaines pour se faire aimer et respecter; que des prélats pourprés et mitrés lui rendent moins de services que les pasteurs qui visitent les chaumières, et qu'il n'est pas vrai que ces prélats perdissent de la considération, s'ils cédaient une partie de leurs traitemens pour donner un peu d'aisance aux humbles ministres qui ne peuvent offrir au pauvre que des consolations. A cela près, le côté droit, je me plais à le croire, seconderait le ministère dans la mise à exécution du système d'économie. Au reste, cette opposition ne comptera bientôt plus dans la chambre que des voix assez clair semées pour n'être guères redoutables.

Mais le ministère aurait un auxiliaire bien plus fort et bien plus stable. N'est-ce pas la loi des élections elle-même qui, chaque année, amènera inévitablement à la Chambre, des hommes fermement décidés à s'élever contre un système de dépenses que tous les amis de leur pays supportent impatiemment? Cette loi portera son fruit, comme on l'a dit, en dépit des moyens qu'on pourrait employer pour lui faire produire des fruits étrangers à sa nature. Il faut bien que les ministres s'attendent à voir sortir du sein de la nation des députés iudépen-dans qui reclameront hautement les droits de l'agricnlture et de l'industrie, et feront retentir d'une voix unanime et impérieuse ces mots, *économie et réformes*, qui renfcrment les vœux de la nation. Il faudrait bien alors se résigner à laisser élaguer les budgets, et consentir non plus à des amendemens timides et presque dé-risoires, mais à des retranchemens entiers, à de larges ratures qui rétablissent de justes pro-portions dans l'ensemble. Si le ministère ne prenait pas lui - même cette salutaire initiative, combien ne se repentirait-il pas alors de ne pas l'avoir fait, et d'être forcé de céder ce qu'il au-rait pu se donner le mérite d'offrir de bonne grâce? Tel est l'avenir de la loi des élections, et

4

pour parler comme Leibnitz, je dirais que cette loi est grosse de toutes les prospérités futures de la France.

Je me suis souvent plu à croire que nos ministères précédens désiraient sincèrement opérer des réformes ; mais qu'ils étaient rallentis par la crainte de rencontrer trop d'opposition dans la forte majorité de fonctionnaires salariés, appelés à la représentation. Cependant, lorsque j'envisageais la bienveillance toute particulière avec laquelle ils favorisaient l'élection de ces Députés, il me paraissait fort douteux qu'ils vissent d'un mauvais œil ces ennemis naturels de l'économie que l'ombre d'un amendement fait reculer d'horreur, ces zélés champions des budgets, qui se sont engagés à soutenir, un discours et une boule à la main, et à faire avouer à tous leurs collégues que ces budgets sont les plus modérés, les plus supportables, les plus admirables de tous les budgets du monde. Si cette majorité-là existait encore, il serait plus difficile d'opérer des réformes. Mais elle n'existe plus ; la loi des élections doit l'éteindre insensiblement. Cette loi fera bien encore siéger à la Chambre quelques fonctionnaires salariés ; mais ce seront de ceux qu'un désintéressement connu, qu'un patriotisme éprouvé auront désignés aux suffrages des électeurs ; ce seront de ceux qui voient dans l'honneur d'être élu à la députation, autre chose que l'occasion de faire ou d'augmenter leur fortune et de trouver un débouché pour leurs enfans, leurs neveux et même leurs cousins.

Les électeurs sentent généralement aujourd'hui que hors d'une représentation indépendante, il n'est point de salut à espérer pour la France. L'expérience leur a appris sur quoi ils devaient compter avec les Députés administrateurs, magistrats ou militaires. Ils voient quelles économies ont été réclamées, quelles réformes ont été opérées par les salariés ; ils savent quelles garanties doivent leur offrir des fonctionnaires, lorsque ceux-mêmes qu'on appelle inamovibles, ne sont pas *impromovibles.*

Les élections récentes nous annoncent qu'ils sont bien déterminés à ne choisir que des Députés indépendans, c'est-à-dire qui ne dépendent ni de l'autorité, ni des factieux. Ils exigeront d'eux l'engagement solennel de défendre leurs droits et leur liberté, et ne les inscriront sur leurs bulletins que dans la conviction intime qu'ils parleront *économie* et *réformes*, qu'ils reviendront sur ce texte inépuisable, par-tout où l'occasion s'en présentera, qu'ils ne se rebuteront pas, qu'ils ne craindront pas de fatiguer les oreilles délicates, et que s'il faut, ces deux mots se placeront à la fin de tous leurs discours, comme un nouveau *delenda Carthago.*

Le ministère lui-même semble se convaincre aujourd'hui que de tels choix ne sont point contraires à ses véritables intérêts. En applaudissant à la candidature d'un citoyen aussi recommandable que l'est M. Daunou, il a rendu hommage à tout ce qu'une carrière honorablement parcourue dans des temps difficiles, un talent supérieur, des principes invariables peuvent donner de droits à l'estime publique. Mais il a rendu hommage en même temps à l'opinion dominante et au vœu général. Si les ministres précédens eussent senti qu'il n'y a rien à gagner à s'y opposer, au lieu d'écarter les candidats qu'ils savaient le plus populaires, et de s'exposer à l'humiliation de ne pas réussir, ils les auraient désignés aux suffrages des électeurs. Mais ils ont préféré suivre la méthode si plaisamment qualifiée, quand on a dit qu'ils *tiraient à vue* sur les colléges électoraux, et ceux-ci n'ont point acquitté toutes leurs lettres de change. Ils n'avaient donc plus assez de crédit, et leur papier n'inspirait plus assez de confiance.

Les ministres actuels reconnaissent peut-être déjà qu'une majorité ministérielle est très-dispendieuse et très-exigeante. Ils voient qu'elle est précaire et variable, que c'est (si l'on peut emprunter ici une expression financière), *une majorité flottante et très - difficile à gouverner* ; qu'un ministériel en général n'est dévoué que jusqu'à concurrence de la confiance qu'il a dans la stabilité du ministère, étant toujours prêt à passer au ministère futur. Ils se sont apperçu que le scrutin n'avait pas, dans certaine occasion, présenté les mêmes résultats que le vote par assis et levé. Ils voient la majorité factice se dissiper, tandis qu'une majorité spontanée et imposante grandit tous les ans à l'ombre de la loi des élections. L'année prochaine ils n'auront pas à choisir, pas à hésiter. Il faudra bien marcher avec la majorité réelle, il ne sera plus possible d'en fabriquer une, et s'il a existé un tarif semblable à celui du ministre Walpole, il ne pourra plus y en avoir. Mais, cette année, sur laquelle préféreront-ils de s'appuyer, de la majorité sortante ou de la majorité entrante? Leur intérêt est de chercher dès ce moment leurs alliés dans cette partie de la chambre qui, d'abord si faible, se montra si courageuse, et qui, devenue plus forte, se montre toujours si modérée; qui fut toujours l'organe de l'opinion publique, et qui la première releva les esprits découragés et abattus par le régime de 1816; qui osa parler de la réparation des injustices, du rappel des bannis; qui signala les excès du fanatisme dans un temps où nos oreilles n'entendaient un tel langage qu'avec une reconnaissance mêlée de surprise et de crainte; qni s'éleva constamment contre le régime d'exception. défendit toutes nos libertés, et parla du jury, de la responsabilité des agens publics, de l'organisation du système municipal et des gardes nationales, lorsque le ministère n'en parlait pas encore. C'est-là que les Ministres doivent poser, dès cette année, la pierre angulaire de leur édifice, s'ils ne veulent pas être forcés d'en déplacer les fondemens l'année prochaine. Alors la nation entière concourra à les soutenir. Ils auront dès-lors en leur faveur une majorité dont le poids dans la balance ne peut être douteux, puisque la France se penchera de son côté.

Je le répète : le Ministère peut beaucoup pour le bien. Il ne tient qu'à lui de justifier la popularité dont il a été entouré dès sa création, et les espérances qu'il a fait concevoir. Il peut tout pour le bien parce qu'il sera secondé, parce que les élémens de la force publique actuelle tendent généralement vers le bien. Il a pour lui un immense avantage que n'ont pas toujours ceux qui entrent avec de bonnes intentions dans l'exercice du pouvoir, c'est d'inspirer la confiance, et sans cela les meilleurs Ministres n'ont pu faire réussir les meilleurs projets du monde.

Le discours de M. le Garde-des-Sceaux, à l'occasion de la loi des Élections, a concilié au Ministére tous les honnêtes gens (je prends ce mot dans sa véritable acception). Il a été reçu comme un heureux pacte d'alliance de l'autorité

avec les citoyens paisibles qu'elle doit protéger,
et comme un éloquent manifeste contre les ennemis de la tranquillité et de la liberté publiques.
Le règne de la justice a été annoncé, les lois ne
seront plus à démi couvertes du voile de l'impunité. Ce voile est déchiré, et ces lois naguère
menaçantes pour les uns, impuissantes contre
les autres, apparaîtront aux regards de tous,
fortes, impartiales, inflexibles. Des institutions
favorables à l'agriculture et à l'industrie se pré-
parent, des hommes intègres et éclairés sont
appelés aux conseils, des associations philan-
tropiques sont accueillies et encouragées, un
bon système de lois organiques nous est promis.
Tout cela nous donne d'heureux présages ; mais
si les impôts, si les dépenses augmentent, ne
sera-t-on pas fondé à prendre tant de louables
mesures pour de vaines démonstrations de zèle?
Que le Ministère ne fasse donc pas le bien à
demi. S'il veut appliquer un prompt remède aux
plaies de la malheureuse France, qu'il commence
par alléger le faix sous lequel elle gémit. La
diminution des impôts sera le baume le plus
salutaire qu'il puisse verser sur elle. Alors elle
sentira l'efficacité de ses efforts ; alors il pourra
parvenir à lui rendre toute la force et toute la
prospérité dont elle recèle les germes ; alors
enfin nous lui accorderons tous, d'une commune
voix, les glorieux éloges auxquels il aspire et

que je désire sincèrement lui voir mériter un jour.

Je sais très-bien que je ne dis rien de neuf dans cette brochure; mais fallait-il pour cela ne pas l'écrire? Nous vivons depuis bien long-temps sur un vieux fonds de préceptes que beaucoup de gens reconnaissent et qu'un très-petit nombre suit. Nous avons une vieille collection de principes adoptés par les uns, rejetés par les autres : et quelque éloignés que nous soyons de nous entendre sur ces principes, nous le sommes encore plus d'être d'accord sur leur application. Faut-il conclure de-là qu'il est inutile de répéter ce qui a été dit mille fois, et sur ce dont tout le monde convient, et sur ce dont tout le monde ne convient pas; puisque d'un côté on n'apprend rien à personne, et que de l'autre les avis n'en restent pas moins partagés? Point du tout; j'en conclus qu'il faut répéter les vieilles vérités jusqu'à ce que tout le monde y croie, et qu'il faut les répéter encore jusqu'à ce qu'on n'agisse plus comme si l'on n'y croyait pas.

DE L'IMPRIMERIE DE J.-L. CHANSON,
RUE DES GRANDS-AUGUSTINS, N° 10.